10

Charades

Illustrations :
Dominique Pelletier

Compilation :
Julie Lavoie

100 blagues! Et plus...
N° 39
© Éditions Scholastic, 2016
Tous droits réservés
Dépôt légal : 2ᵉ trimestre 2016
ISBN 978-1-4431-5356-0
Imprimé au Canada   140

Éditions Scholastic
604, rue King Ouest
Toronto (Ontario)
M5V 1E1
www.scholastic.ca/editions

Par ici la coupe Stanley! En 2010, le gardien de but Cristobal Huet est devenu le premier joueur de hockey de nationalité française à gagner la coupe Stanley. Comme le veut la coutume, il a pu apporter le trophée en France! Il l'a même monté au sommet de la tour Eiffel, à Paris.

Grâce à mon premier, on peut déterminer si un aliment est salé ou sucré, par exemple.

Mon second est une partie de ce qui est divisé en trois.

Mon tout se dit d'un chat qui n'est pas d'une race précise.

COMMENT APPELLE-T-ON UNE BAGARRE ENTRE DEUX MINABLES?

RÉPONSE : UNE BATAILLE INTERMINABLE.

Il y a plus de 370 000 naissances par jour dans le monde.

Mon premier est la lettre X prononcée en anglais.

Mon deuxième est le résultat de l'opération 77 + 13 + 15 - 5.

Mon troisième est un préfixe signifiant trois.

Mon quatrième permet de couper des morceaux de bois.

Mon cinquième est une lettre qui se boit généralement chaude.

Mon tout est fait par quelqu'un qui sort de l'ordinaire.

Les poissons dorment
les yeux ouverts.

> COMMENT APPELLE-T-ON UN VAMPIRE QUI SE PREND POUR UN SAINT HOMME?
>
> RÉPONSE : MONSEIGNEUR (MON SAIGNEUR).

Un maire est élu pour représenter mon premier.

Mon deuxième est la lettre de l'excellence.

Mon troisième est le contraire de tristesse.

Mon tout vit dans une petite agglomération.

Émilie dit à son papa :
— Papa, je suis vraiment triste. Il faut que je te confie mon secret.
— Ma pauvre petite, dit le papa en faisant un gros câlin à sa petite fille. Tu peux tout me dire. Je t'écoute...
— C'est que j'ai attrapé des poux!

Deux renards affamés ont décidé d'attendre la nuit avant d'aller se régaler au poulailler.

— Tu iras en premier, dit l'un. Si la clôture est basse, tu sauteras par-dessus et si elle est trop haute, tu creuseras un trou pour passer en dessous.

Une fois la nuit tombée, le renard avance doucement vers le poulailler. Rendu à quelques mètres de son but, il rebrousse chemin pour aller retrouver son compagnon.

— Qu'est-ce qui ne va pas? Où est notre repas?

— Nous avons un sérieux problème. Je ne pouvais passer ni par-dessus ni par-dessous la clôture. Il n'y avait pas de clôture!

La langue du caméléon mesure à peu près la même longueur que son corps. Il la déploie à une vitesse d'environ 20 km à l'heure pour attraper les insectes dont il se nourrit.

À la réception de l'hôpital :
— Madame, je viens rendre visite à mon mari qui s'est fait écraser par un rouleau compresseur. Pouvez-vous m'indiquer dans quelle chambre il est?
— Vous le trouverez dans les chambres 42, 44 et 46.

QUE DIT LE 0 AU 8?

RÉPONSE : AH! TU AS MIS TA CEINTURE!

L'escargot se déplace à une vitesse de plus ou moins six centimètres par minute. Il est très lent, mais il faut dire qu'il transporte sa maison sur le dos...

D'une longueur de plus ou moins 50 centimètres, on dit que le *micropachycephalosaurus* était le plus petit dinosaure herbivore. C'est aussi le dinosaure qui détient le record du plus long nom.

Certaines espèces animales sont plus anciennes que d'autres. Savais-tu, par exemple, que les libellules existaient déjà au temps des dinosaures?

Une jeune femme entre dans un bureau de recrutement de l'armée. Un militaire lui explique la formation qu'il a reçue.
— J'ai appris à ranger, à bien nettoyer, à repasser les vêtements, à faire la cuisine, à obéir aux ordres....
— C'est exactement ce qu'il me faut! Voulez-vous m'épouser?

> QUEL EST LE POINT COMMUN ENTRE UN ENSEIGNANT ET UN THERMOMÈTRE?
>
> RÉPONSE : ILS FONT TOUS LES DEUX TREMBLER QUAND ILS INDIQUENT ZÉRO.

Mon premier est la troisième consonne de l'alphabet.

Mon deuxième est une note de musique.

Mon troisième est le contraire de femelle.

Mon tout est relatif aux mathématiques.

— Docteur, il faut m'aider! L'infirmière vient de me dire qu'il me reste seulement quelques secondes à vivre!
— Calmez-vous, monsieur! Je suis à vous dans une minute.

QUE DIT LE CLOWN AU MÉDECIN?

— DOCTEUR, JE ME SENS TOUT DRÔLE...

Deux voleurs viennent de sortir de prison. Ils décident de s'offrir un bon repas au restaurant pour célébrer ce grand jour.
— Qu'est-ce que tu vas prendre? demande l'un des deux hommes.
— *Chuttt!* Je vais prendre le sac à main sur la chaise là-bas...

QU'EST-CE QUE L'OREILLE GAUCHE DIT À L'OREILLE DROITE?

RÉPONSE : UN OCÉAN NOUS SÉPARE...

Le crapaud n'est pas le mâle de la grenouille. Madame crapaud est généralement plus grosse que monsieur et elle ne coasse pas. Alors dorénavant, si vous entendez un crapaud coasser, vous saurez qu'il s'agit d'un mâle.

Un jeune homme très timide décide d'aborder une jolie fille :
— Bonjour. C'est que... C'est que... J'aimerais vous inviter au cinéma...
— Je n'accepte jamais les invitations de parfaits inconnus!
— Je n'ai jamais dit que j'étais parfait!

••••••••••••••••••••••••••••••••

Les chiens sont tellement intelligents! Ils entraînent leur maître à leur donner des friandises chaque fois qu'ils s'assoient ou qu'ils se couchent.

Pendant la nuit, la petite Sophie se réveille pour aller à la salle de bain. Dans le couloir, elle rencontre un cambrioleur.

— Que cherchez-vous? dit-elle à voix basse.

— De l'argent et des bijoux, chuchote le voleur.

— Alors, je vais chercher avec vous. Si on trouve, vous prenez les bijoux et moi, je garde l'argent.

On dit qu'en 2015, les égoportraits auraient causé plus de morts que les requins. Les gens multiplient les contorsions et les prouesses pour prendre des photos d'eux-mêmes. Si bien qu'ils oublient d'assurer leur sécurité.

> COMMENT APPELLE-T-ON UN CHAT
> QUI TRICOTE?
>
> RÉPONSE : UN CHAT MAILLEUR
> (CHAMAILLEUR).

Mon premier est célébré la plupart du temps le dimanche matin.

Mon deuxième est le contraire de turbulent.

Mon troisième est la cinquième consonne de l'alphabet.

Mon tout rend un service.

En Amérique du Sud, au temps des civilisations anciennes, les Mayas et les Aztèques utilisaient des fèves de cacao comme monnaie.

Les chats n'aiment pas particulièrement le goût du sucre. Pour faire plaisir à votre félin, offrez-lui plutôt une friandise salée.

Deux pianos de concert discutent :
— J'espère que tu es en forme pour ce soir!
— Non, j'ai mal au do!

••••••••••••••••••••••••••••••

Mon premier est le petit de la vache.

Mon second est la base de l'alimentation du nourrisson.

Mon tout protège les fenêtres.

L'enseignant demande à Jeanne :
— Jeanne, si tu as 5 dollars et que tu demandes 5 dollars à ta mère, combien auras-tu?
— Cinq dollars, monsieur.
— Vraiment? Réfléchis un instant.
— Je n'ai pas besoin de réfléchir. Si vous connaissiez ma mère, vous sauriez qu'elle ne voudra jamais me donner 5 dollars!

Deux fous font du vélo. Tout à coup, l'un d'eux s'arrête et se met à dévisser sa roue avant.
— Que fais-tu?
— Je trouve que ça va trop vite. Je vais tourner ma roue de côté pour me ralentir un peu.
— Ça ne changera rien du tout! dit le deuxième fou.
Celui-ci dévisse alors son guidon et le met à la place du siège. Il prend son siège et le met à la place du guidon. L'autre fou lui demande :
— Et toi, que fais-tu?
— Je rentre chez moi!

Saviez-vous que les étoiles de mer n'ont pas de cerveau?

Ton cerveau peut être plus actif pendant ton sommeil qu'en période d'éveil. Il n'est toutefois pas recommandé de vérifier la véracité de cet énoncé à l'école.

Cette blague, tu vas en pleurer,
si tu as le rire facile, surtout.
Aurais-tu perdu ta bonne humeur?
Crois-en ton sens de l'humour…
Prends ton temps et réfléchis bien.
Tu dois en saisir tout le sens!
Car en lisant cette blague,
tu auras cette réaction :
Drôle de blague!
Tout sauf plate!

Si tu n'as pas compris la blague, lis maintenant le troisième mot de chaque ligne et tu comprendras mieux.

Mon premier est différent d'un oiseau à l'autre, mais il a la même utilité.

Faire tomber mon second en lançant une boule, c'est le but de ce jeu.

Mon tout sert d'appui.

QUEL EST LE VAISSEAU SPATIAL PRÉFÉRÉ DES VAMPIRES?

RÉPONSE : LE VAISSEAU SANGUIN.

Lors d'un festival, une femme décide de payer 10 dollars pour consulter une voyante. Après avoir payé, elle lui demande :
— Pouvez-vous vraiment dire le futur?
— Eh bien oui, mais ça dépend du verbe...

••••••••••••••••••••••••••••••

La maman kangourou demande à sa fille :
— Tu as réussi ton test ce matin?
— C'est dans la poche, maman!

Au Japon, certaines viandes de bœuf sont réputées ultra tendres. Pour obtenir ce résultat, les fermiers chouchoutent leurs animaux. Alimentation saine, massages, musique classique et un peu de bière : ils font tout ce qu'il faut pour éviter de stresser les bêtes.

Mon premier est une consonne qui se prononce comme un Z lorsqu'elle se trouve entre deux voyelles.

Mon deuxième est une syllabe du mot décaféiné, qui est aussi dans cathédrale.

Il y a des centaines de mon troisième dans le dictionnaire.

On sert le repas sur mon quatrième.

Mon tout peut se dissimuler facilement.

> QUELLE EST LA DIFFÉRENCE ENTRE UN DENTISTE ET UN ENSEIGNANT?
>
> RÉPONSE : LE DENTISTE DIT D'OUVRIR LA BOUCHE ET L'ENSEIGNANT DIT DE LA FERMER.

— Julie, est-ce que tu aimes les trous dans ton pantalon?
— Je n'ai pas de trous dans mon pantalon! Je ne porte jamais de pantalons avec des trous!
— Menteuse! S'il n'y avait pas de trous dans ton pantalon, tu n'aurais pas pu le mettre!

Une femme annonce à son petit ami :
— Je ne veux pas te faire de peine, mais je dois partir pour Milan.
— Pour mille ans! Tu ne pourrais pas partir un peu moins longtemps?

QUELLE EST LA DIFFÉRENCE ENTRE UN BOXEUR ET UN BIJOUTIER?

RÉPONSE : LE BOXEUR PARE LES COUPS ET LE BIJOUTIER PARE LES COUS.

Mon premier est la première consonne de l'alphabet prononcée en anglais.

Quand une personne excelle dans un domaine, on dit qu'elle a mon second.

Mon tout est un récipient.

POURQUOI PIERROT RÊVE-T-IL D'ALLER DANS UNE ÉCOLE RONDE?

RÉPONSE : LA MAÎTRESSE NE POURRAIT PAS LUI DEMANDER D'ALLER RÉFLÉCHIR AU COIN.

COMMENT SORT-ON DU LAC LORSQUE
SA CHALOUPE S'EST RETOURNÉE?

RÉPONSE : MOUILLÉ.

UN VÉHICULE TOUT TERRAIN NÉGOCIE
UN VIRAGE SERRÉ EN DESCENDANT
UNE CÔTE DANS UN DÉSERT. QUELLE
ROUE TOURNE LE MOINS VITE?

RÉPONSE : LA ROUE DE SECOURS.

Un nouveau moyen de se détendre : dans plusieurs grandes villes du monde, les gens stressés peuvent aller se défouler dans des salles spécialement remplies d'objets à casser! Après avoir payé l'entrée, les gens prennent un bâton de baseball ou une masse et ils frappent, frappent, frappent...

Les poissons peuvent-ils péter? Selon des chercheurs, les harengs pètent pour communiquer entre eux.

> SAVEZ-VOUS POURQUOI LES PLONGEURS SE LAISSENT TOMBER EN ARRIÈRE POUR ALLER À L'EAU?
>
> RÉPONSE : S'ILS PLONGENT VERS L'AVANT, ILS TOMBENT DANS LE BATEAU.

— J'ai lu plusieurs études et elles ont toutes la même conclusion : le sucre et le sel sont mauvais pour la santé. J'ai donc pris une décision, dit Jean-Guy à son amie.
— Laquelle?
— J'ai décidé d'arrêter de lire!

QUEL EST LE COMBLE POUR UN OISEAU?

RÉPONSE : C'EST DE SE FAIRE ARRÊTER PAR LA POLICE POUR VOL.

QUELLE LETTRE DE L'ALPHABET VIENT AVANT LE Z?

RÉPONSE : ELLES VIENNENT TOUTES AVANT LE Z!

Ce fait est certain et irréversible... Dès ta naissance, tu commences à vieillir pour le meilleur et pour le pire!

Comme les empreintes digitales des humains, les empreintes du nez d'un chien sont uniques.

QUELLE PETITE CRÉATURE NE TIENT PAS EN PLACE?

RÉPONSE : L'ARAIGNÉE, CAR ELLE FILE TOUT LE TEMPS!

QU'ONT EN COMMUN LES HUMAINS ET LES PEIGNES?

RÉPONSE : LORSQU'ILS SONT TROP VIEUX, ILS COMMENCENT À PERDRE LEURS DENTS.

Le girafon, bébé de la girafe, vient au monde avec des cornes.

Un livreur de pizzas arrive chez un client. Juste à côté de la porte, il lit sur une pancarte : « Attention! Perroquet méchant. »

C'est ridicule! Un perroquet ne peut pas être bien méchant, se dit l'homme.

Il sonne à la porte et, sachant qu'il est attendu, il ouvre aussitôt. À peine a-t-il mis le pied dans le vestibule qu'il entend une voix nasillarde dire :

— Vas-y Horace! Vas-y mon chien! Attaque!

Un cannibale prend l'avion pour la première fois. L'hôtesse de l'air l'aborde :

— Bonjour, monsieur, vous avez le choix entre deux repas végétariens aujourd'hui.

— Euh… Puis-je voir la liste des passagers, s'il vous plaît?

••••••••••••••••••••••••••••

Mon premier est la huitième consonne de l'alphabet.

Mon deuxième ravage souvent les forêts pendant les saisons chaudes.

Mon troisième est une partie de ce qui est divisé en trois.

On trouve mon tout dans la plupart des cuisines.

Pour perdre un kilogramme, on dit qu'il faut brûler plus ou moins 7 000 calories!

— Maman, tu veux bien m'aider à résoudre un problème?
— Bien sûr! Je t'écoute.
— Je dois soustraire 456 de 989 et multiplier la réponse par 7 avant de soustraire 154. À ton avis, qu'est-ce que je vais obtenir?
— La mauvaise réponse, c'est sûr!

Deux vieilles amies se rencontrent :

— Tu as perdu beaucoup de poids depuis la dernière fois que je t'ai vue!

— En effet, c'est grâce à la méthode chinoise.

— C'est une méthode que je ne connais pas, mais ça semble miraculeux!

— Il n'y a rien de plus simple! Je mange de tout, mais j'apprends à manger avec des baguettes!

QUEL EST LE COMBLE POUR UN CHIEN?

RÉPONSE : C'EST QUE SON MAÎTRE L'AMÈNE AU MARCHÉ AUX PUCES.

QU'EST-CE QUI EST VERT ET QUI VA SOUS L'EAU?

RÉPONSE : UN CHOU MARIN.

Mon premier est le résultat d'une addition.

Mon deuxième est l'endroit où l'oiseau pond ses œufs.

Mon troisième est fixé aux sabots des chevaux.

Mon tout est endormant.

••••••••••••••••••••••••••••••

Mon premier se tortille au bout de l'hameçon.

Mon second est le résultat de l'opération : 9 + 21 + 20 + 50.

Mon tout est un côté d'une montagne.

Dans le cadre de l'Exposition universelle de Milan en 2015, une soixantaine de boulangers français ont mis la main à la pâte pour préparer une baguette de pain mesurant 122 mètres de long!

En 2015, toujours dans le cadre de l'Exposition universelle de Milan, on a fabriqué une pizza mesurant plus de 1,5 km de long! Il a fallu 1500 kilogrammes de tomates pour la garnir! Quelque 30 000 personnes ont pu en déguster un morceau.

Mon premier est une note de musique.

Mon deuxième se termine à la mort.

Mon troisième est une lettre qui se respire.

Mon tout n'est pas un bon signe...

••••••••••••••••••••••••••••••••

Mon premier est un métal précieux.

Dans cette séquence de bruits, mon deuxième vient avant tac.

Mon troisième sert à joindre deux morceaux de papier ou de tissu, par exemple.

Mon tout est relatif à l'agriculture.

À l'Université de Chicago, on donne des bourses aux étudiants qui sont doués en sport, comme le basketball. Récemment, un programme a été mis sur pied pour encourager les étudiants qui ont de l'intérêt et des habiletés pour les sports… électroniques!

— Docteur, ma mère a insisté pour que je vienne vous voir...

— Ah bon... Et pourquoi?

— C'est que j'aime beaucoup les cravates en soie.

— Il n'y a rien de mal à cela! Moi aussi j'aime les cravates en soie.

— Vous aussi! Comment les aimez-vous?

— À mon goût, elles doivent être bien larges avec des petits pois.

— Je n'ai jamais essayé avec des petits pois! Moi, je les préfère avec du beurre et un peu de confiture.

Un homme joue de la trompette dans une station de métro. Il joue fort et si mal que les passants se bouchent les oreilles. Lorsqu'il a enfin fini son morceau, il dépose son instrument et lance :
— Mes chers amis, soyez généreux! Je vous donne une minute pour vider vos poches dans mon chapeau sinon... je vais recommencer à jouer!

Que se passe-t-il lorsque les vaches veulent changer d'air? Elles vont faire un tour en ville! Cela s'est produit dans le sud de l'Alberta lorsqu'un troupeau de 200 vaches a pris la fuite après avoir fait tomber une clôture.

Mon premier est la tige principale d'un arbre.

Faire mon second en public est impoli.

Mon tout est un instrument de musique.

● ●

Mon premier est le pluriel de mal.

Mon second est un liquide sécrété par le foie qui contribue à la digestion.

Mon tout peut être déplacé.

POURQUOI LES CAMBRIOLEURS ONT-ILS PRIS TOUT CE QU'IL Y AVAIT DANS LA MAISON SAUF LES BROSSES À DENTS ET LE DENTIFRICE?

RÉPONSE : C'EST PARCE QUE CE SONT DE SALES VOLEURS.

QUE DIT UN BALLON À UN AUTRE BALLON?

RÉPONSE : *PFFFFFF! JE SUIS CREVÉ!*

Un homme entre dans une galerie d'art et s'adresse au propriétaire :

— J'aimerais acheter cette toile.

— Comme vous me faites plaisir! J'ai consacré au moins 12 ans de ma vie à cette œuvre!

— Êtes-vous en train de me dire que vous avez mis 12 ans à la peindre? C'est incroyable!

— Non, j'ai mis quelques jours seulement à la peindre, mais ça fait 12 ans que j'essaie de la vendre...

> **LEQUEL DE VOUS DEUX EST KÉVIN?**
> NE M'OBLIGEZ PAS À COMPARER VOS EMPREINTES DIGITALES!

Nos empreintes digitales sont uniques. Même celles de vrais jumeaux ne sont pas tout à fait pareilles.

Un adolescent présente son bulletin scolaire à son père.
— J'ai reçu mon bulletin aujourd'hui. Les deux premières pages sont mes résultats et la troisième montre le résultat de ma recherche.
— Quelle sorte de recherche?
— J'ai dressé une liste de millionnaires canadiens qui n'ont jamais terminé leurs études...

> QU'EST-CE QU'UNE TÉLÉCOMMANDE ET LA VARICELLE ONT EN COMMUN?
>
> RÉPONSE : LES BOUTONS.

Une femme très bien habillée entre dans un ascenseur.
— C'est très joli ce que vous portez. Où vous habillez-vous? demande une autre femme.
— Chez moi! C'est évident!

L'oignon a bon goût et est excellent pour la santé! On dit aussi qu'il peut faire baisser la fièvre. Il suffirait, dit-on, de placer de belles tranches fraîches sous ses pieds et d'enfiler une paire de bas pour les tenir en place avant d'aller au lit.

Un truc à faire brailler...
Respirer de l'oignon frais serait
aussi bon pour calmer ses nerfs...

POURQUOI FAUT-IL METTRE DES FERS AUX CHEVAUX?

RÉPONSE : PARCE QU'ILS NE PEUVENT PAS LE FAIRE EUX-MÊMES!

QUELLE EST LA CARTE CHANCEUSE DES ABEILLES?

RÉPONSE : LA REINE DE PIQUE.

Deux collègues de travail discutent :
— J'ai lu dans le journal que chaque fois que je respire quelqu'un meurt...
— Ça ne m'étonne pas du tout! Si tu te brossais les dents, ça irait mieux!

POURQUOI LES FEMMES CONDUISENT-ELLES SI MAL?

RÉPONSE : C'EST PARCE QUE CE SONT DES HOMMES QUI LEUR DONNENT LES COURS DE CONDUITE.

> *JE SUIS À LA FIN DE LA ROUTE ET TOUT AU BOUT DU VILLAGE. QUI SUIS-JE?*
>
> *RÉPONSE : LA LETTRE E.*

Mon premier est la lettre de l'excellence.

Quand on met les pieds dans mon deuxième, c'est que l'on a fait une gaffe.

Les oiseaux font mon troisième au sol ou dans un arbre selon l'espèce.

Mon tout est sans relief.

— Je suis si déprimé! dit un poisson à un autre poisson.
— Viens prendre un petit ver, ça va te remonter le moral!

••••••••••••••••••••••••••••

— Si tu trouves un billet de 5 dollars dans la poche droite de ton manteau et que tu trouves un billet de 10 dollars dans la poche gauche, qu'est-ce que tu auras?
— Le manteau de quelqu'un d'autre, c'est sûr!

La règle des cinq secondes est un mythe. Dès qu'il tombe par terre, un aliment est contaminé.

Mon premier est le seul mois de l'année qui a trois lettres.

Mon deuxième est le résultat de l'opération 34 + 13 - 37.

Mon troisième est la lettre E prononcée en anglais.

Mon quatrième est une syllabe de pianoter que l'on retrouve aussi dans rénover.

Mon tout est relatif à la santé.

— Je n'aime pas les mathématiques pour trois raisons, dit Pierre à Marco.
— Quelles sont tes trois raisons?
— Un, ça ne m'intéresse pas et deux, je suis nul en calcul.

POURQUOI AMÉLIE COURT-ELLE AVEC UN SEAU D'EAU?

RÉPONSE : ELLE VEUT DE L'EAU COURANTE.

Mon premier est la partie de ton corps où se trouve ta colonne vertébrale.

Tu ressens mon second lorsque tu n'as pas mangé depuis longtemps.

Mon tout vit dans les océans.

••••••••••••••••••••••••••••••••

Mon premier est le nom de l'animal qui brait.

Mon deuxième est l'organe de l'odorat.

Mon troisième dure douze mois.

Au hockey et au soccer, chaque fois qu'un joueur tente mon quatrième, il a une chance de marquer un but.

Mon tout est l'action de détruire complètement.

On dit qu'une personne a commis mon premier, car elle a pris quelque chose qui ne lui appartenait pas.

Mon deuxième est là où tu rêves le plus.

Mon troisième est une lettre qui se respire...

Mon tout est un lieu où l'on garde certains animaux.

....

— Maman, maman! dit une petite fille. Je me suis fait mal en tombant.
— Où ça?
— Là-bas! dit-elle en tendant le doigt.

Dans un café, un client demande au serveur :
— Pouvez-vous m'apporter un sachet de sucre, s'il vous plaît?
— Monsieur, c'est le sixième sachet que je vous donne!
— Je sais, mais ce n'est pas de ma faute! Les cinq autres ont tous fondu!

QUE DIT LE FOU EN ENTRANT À L'ASILE?

RÉPONSE : IL Y A UN MONDE FOU ICI!

Le kiwi s'appelait autrefois groseille de Chine, mais c'est sous le nom de souris végétale qu'on l'a introduit en France et en Nouvelle-Zélande au début des années 1900.

Les Néo-Zélandais ont cultivé des plants de groseilles de Chine donnant des fruits environ cinq fois plus gros que les fruits sauvages. Pour les désigner, ils ont choisi le nom de kiwi, car la peau velue du fruit rappelle celle de l'oiseau emblématique de la Nouvelle-Zélande.

Un professeur de sciences s'apprête à rentrer chez lui après une longue soirée de travail. Il aperçoit alors un de ses élèves assis sur un banc.

— Il est 22 heures! Tes parents vont s'inquiéter. Qu'est-ce que tu fais assis sur ce banc?

— Vous avez dit que la Terre tourne, n'est-ce pas? Ma maison va bien finir par passer, non?

••••••••••••••••••••••••••••••••

Dans une petite annonce :

Doberman à donner. Mange de tout. Aime beaucoup les enfants...

POUR PASSER CE TEST, ON N'A PAS BESOIN D'ÉTUDIER. DE QUEL TEST S'AGIT-IL?

RÉPONSE : DU TEST SANGUIN.

QU'EST-CE QU'IL Y A DE PLUS DÉGOÛTANT QUE DE TROUVER UN VER DANS SA POMME?

RÉPONSE : TROUVER LA MOITIÉ D'UN VER DANS SA POMME.

Le chimpanzé, le gorille et l'orang-outang figurent parmi les êtres vivants les plus proches de l'homme.

Le gorille des montagnes est herbivore. Habile de ses mains, il sélectionne et prépare soigneusement chaque bouchée avant de la consommer. Le mâle peut manger plus de 30 kilogrammes de nourriture par jour! D'ailleurs, se nourrir est son activité principale de la journée.

Mon premier compose le squelette.

Mon deuxième est une boisson chaude très populaire en Angleterre.

Mon troisième est la seule voyelle qui se prononce de la même façon en anglais et en français.

Les insectes ont six de mon quatrième.

Mon tout est un spécialiste de la santé.

Une épreuve de bras de fer avec les orteils! En Angleterre se tient chaque année un championnat du monde de combat d'orteils.

Deux fermiers discutent :
— Quand ton cochon est tombé malade l'an passé, comment l'as-tu soigné?
— Je lui ai donné deux grosses cuillerées de sirop contre la toux et du lait chaud.
Les deux fermiers se revoient la semaine suivante.
— Est-ce que tu m'avais bien dit que tu avais soigné ton cochon avec du sirop contre la toux et du lait chaud?
— Oui.
— C'est ce que j'ai fait et mon cochon est mort le lendemain!
— Il m'est arrivé exactement la même chose...

Pour l'amour du ski!
À Dubaï, aux Émirats arabes unis, le temps est chaud et sec, mais on peut malgré tout faire du ski dans un complexe couvert. En 2015, on a annoncé la construction d'une nouvelle piste intérieure de 1,2 km de long!

Dans un restaurant, un client s'impatiente :
— Je suis devant cette caisse depuis au moins 15 minutes!
— De quoi vous plaignez-vous? Moi, je suis derrière cette caisse depuis 15 ans!

CHEZ LES ANIMAUX, QU'EST-CE QUI EST PIRE QU'UNE GIRAFE AVEC UN TORTICOLIS?

RÉPONSE : UN MILLE-PATTES AVEC DES AMPOULES AUX PIEDS.

POURQUOI LE MOUTON MÂCHE-T-IL DE LA GOMME?

RÉPONSE : C'EST POUR AVOIR LA LAINE FRAÎCHE (L'HALEINE FRAÎCHE).

QUE DIT UN VIOLON À UN AUTRE VIOLON?

RÉPONSE : S'IL TE PLAÎT, PEUX-TU ME FROTTER LE DO (LE DOS)?

Chez les éléphants, la femelle porte son petit environ 22 mois. Lorsqu'il naît, l'éléphant d'Afrique pèse environ 120 kilogrammes, ce qui est plus lourd que la majorité des hommes à l'âge adulte.

Les éléphants peuvent attraper des coups de soleil. Voilà pourquoi ils se lancent du sable sur le dos et sur la tête en utilisant leur trompe.

Mon premier est une note de musique.

Mon deuxième est l'acte commis lorsqu'on s'approprie quelque chose qui ne nous appartient pas.

Mon troisième est une syllabe du mot soluble qui est aussi dans lugubre.

Mon tout est passé.

COMMENT RÉUSSIT-ON À FAIRE ABOYER UN CHAT?

RÉPONSE : C'EST SIMPLE! ON LUI DONNE UNE PETITE SOUCOUPE REMPLIE DE LAIT ET IL ABOIE (IL LA BOIT).

Vrai ou faux? Pour remédier à la calvitie, il suffit de se faire lécher le crâne par une vache... Vous ne trouverez pas la réponse dans ce livre. Il s'agit d'une croyance populaire, mais en désespoir de cause, ça ne coûte pas cher d'essayer!

À l'aéroport John F. Kennedy, à New York, votre animal de compagnie pourra attendre son vol dans un immense terminal conçu spécialement pour les animaux. Il pourra faire de l'exercice, profiter d'un spa, consulter un vétérinaire et prendre un petit goûter avant de monter dans l'avion.
Un traitement de première classe!

Mon premier est une partie du mot abonnement que l'on retrouve aussi dans véritable.

Mon deuxième est la troisième consonne de l'alphabet prononcée en anglais.

On amarre les bateaux à mon troisième afin d'éviter qu'ils partent à la dérive.

Mon tout est un autre mot pour dire abandonner.

POURQUOI LE HÉRON LÈVE-T-IL TOUJOURS UNE PATTE?

RÉPONSE : PARCE QUE S'IL LEVAIT LES DEUX, IL TOMBERAIT.

> CONNAIS-TU LA DIFFÉRENCE ENTRE UN CALEPIN ET UN CARNET?
>
> RÉPONSE : NON. AU MOINS, ON EST DEUX À NE PAS LE SAVOIR.

Le propriétaire de l'animalerie s'adresse à un client :
— Le perroquet a disparu! Avez-vous remarqué quelque chose d'anormal?
— Je n'ai pas vu de perroquet, mais j'ai effectivement remarqué quelque chose d'anormal. Vous avez un chat qui parle...

La mode est aux dents vertes! Attention! Il ne s'agit pas d'arrêter de se brosser les dents. Bien au contraire! Il faut plutôt se procurer une brosse à dents entièrement biodégradable. Fini le plastique! Le manche est en bambou, une variété à croissance ultra rapide que les pandas ne consomment pas; les soies ont été remplacées par une sorte de nylon biodégradable.

Deux femmes se rencontrent :
— Ça fait longtemps qu'on ne s'est pas vues! Comment va ton bébé?
— Il marche depuis un mois déjà.
— Un mois! Il doit être rendu loin!

• •

Deux pneus discutent.
— Ça roule?
— Pas très bien. Je suis crevé...

Au Texas, il existe un musée consacré aux coquerelles... Le propriétaire déguise les bestioles mortes et organise des petites mises en scène pour faire rire les visiteurs.

> SAVEZ-VOUS COMMENT S'APPELAIT LE FRÈRE D'ALBERT EINSTEIN?
>
> RÉPONSE : FRANK.

Deux nigauds traversent un désert.
— Regarde! Il a neigé.
— On vient de partir et tu as déjà des hallucinations! Il n'a pas neigé. Nous sommes dans un désert.
— Bien sûr qu'il a neigé! On n'aurait pas mis tant de sable sur la route pour rien!

Comme leur voiture est tombée en panne en plein milieu du désert, trois hommes décident de poursuivre leur chemin à pied. Pour ne pas mourir de faim ou de soif, l'un d'eux apporte tout ce qu'il reste de vivres dans la voiture. Un autre homme apporte une pelle qui lui permettra de creuser afin de trouver de l'eau. Comme il n'y a plus rien dans la voiture, le troisième homme arrache une portière et se la met sur l'épaule.

— Qu'est-ce que tu fais avec cette portière? s'exclament les deux autres hommes.

— Si j'ai trop chaud, je vais pouvoir baisser la vitre!

SOLUTIONS

Page 4	Gouttière
Page 6	Excentricité
Page 8	Villageois
Page 17	Décimale
Page 24	Messager
Page 27	Volet
Page 33	Béquille
Page 36	Escamotable
Page 39	Bidon
Page 50	Cafetière
Page 55	Somnifère
Page 55	Versant
Page 58	Civière
Page 58	Horticole
Page 63	Trompette
Page 63	Mobile
Page 73	Aplani
Page 76	Médicinaux
Page 78	Dauphin
Page 78	Anéantir
Page 80	Volière
Page 88	Ostéopathe
Page 96	Révolu
Page 99	Abdiquer

Fais-nous rire!

Envoie-nous ta meilleure blague.
Qui sait? Elle pourrait être publiée dans
un prochain numéro des
100 BLAGUES! ET PLUS...

100 Blagues! Et plus...
Éditions Scholastic
604, rue King Ouest
Toronto (Ontario)
M5V 1E1

Au plaisir de te lire!

Nous nous réservons le droit
de réviser, de modifier, de publier ou
d'utiliser les blagues à d'autres fins,
dont la promotion, sans autre avis ou
compensation.